MAINGRAT,

PAR

PAUL-LOUIS COURIER.

Prix : 25 centimes.

SE VEND PAR TOUTE LA FRANCE.

1830

MAINGRAT,

PAR

PAUL-LOUIS COURIER.

SE VEND PAR TOUTE LA FRANCE.

1830

PARIS.
IMPRIMERIE DE DAVID,
BOULEVARD POISSONNIÈRE,
N. 6.

AVERTISSEMENT.

Les écrits de *Paul-Louis Courier* n'ont jamais été réunis de son vivant. Chacun des morceaux qui les composent parut séparément, et dans la circonstance à laquelle il se rapporte. Après sa mort, arrivée au commencement de l'année 1825, on réunit dans un volume imprimé clandestinement en province, avec la suscription de Bruxelles, tous ses pamphlets.

Ce volume eut un grand succès et fut plusieurs fois réimprimé. En 1828, on publia deux volumes d'une *Correspondance de Courier*, qui renferme véritablement les mémoires de ce célèbre écrivain. A la fin de 1829, on donna les *OEuvres complètes* en 4 volumes in-8°, en prenant soin, pour éviter la police correctionnelle, de vendre séparément les passages trop hardis pour le temps, ce qui se faisait au moyen de pages qu'on intercalait dans les volumes renfermant des suppressions. Enfin, depuis la révolution, on vend publiquement les *OEuvres complètes de Paul-Louis Courier*, en 4 volumes in-8°, prix : 28 fr. Chez

A. Sautelet et Cie, rue Neuve-Saint-Marc, n° 10.

Ces OEuvres, qui sont avec les poésies de M. Béranger, les plus populaires de ce tems-ci, sont destinées à se trouver un jour dans toutes les mains, et seront bientôt dans toutes les bibliolhèques.

C'est avec la permission des éditeurs que nous en avons extrait la pièce suivante, qui est un des chefs-d'œuvre de la littérature française et de la raison éclairée de notre tems.

MAINGRAT.[1]

Véretz, le 6 février 1823.

Vous êtes deux qui m'engagez à faire encore des pétitions. A votre aise vous en parlez, et vous n'irez pas en prison pour les avoir lues. Mais moi, voyez ce qu'a pensé me coûter la dernière? Quinze mois de

(1) Cette pièce, dans les *OEuvres complètes de Paul-Louis Courier*, est intitulée : *Réponse aux Anonymes*, *n*° 2. L'auteur suppose qu'on lui a écrit et il répond ; c'est ce qui explique ce début.

cachot et mille écus d'amende, sont-ce des bagatelles? de combien s'en est-il fallu que je ne fusse condamné? Les juges ont trouvé mon fait répréhensible, et plus répréhensible encore mon intention (1). La police, dans sa plainte, me dénonce comme un homme profondément pervers; messieurs de la police m'ont déclaré pervers, et ont signé Delavau, Vidoc, etc. Je prenais patience. Mais ce procureur du roi (2), m'accuser de cynisme! Sait-il bien ce

---

(1) Il fait allusion à la *pétition pour des villageois qu'on empêche de danser*, pamphlet charmant, dans lequel *Paul-Louis* blâme l'intolérance du jeune clergé.

(2) M. Jean de Broë. Cet avocat du roi avait déjà plaidé précédemment contre Courier dans l'affaire du pamphlet sur Chambord, qui valut à l'auteur six mois de prison, et à M. de Broë une célébrité qui n'est pas près de finir.

que c'est, et entend-il le grec? *Cinòs* signifie chien: cynisme, acte de chien. M'insulter en grec, moi helléniste juré! j'en veux avoir raison. Lui rendant grec pour grec, si je l'accusais d'*anisme*, que repondrait-il? mot. Il serait étonné. Quand il me donne du chien, si je lui donne de l'âne, pourvu toutefois que ce ne soit pas dans l'exercice de ses fonctions, serons-nous quittes? Je le crois.

Voilà pourtant, mes chers anonymes, comme on traite votre correspondant, pour avoir demandé à danser le dimanche, et notez bien, peut-être n'aurais-je pas dansé, s'il m'eût été permis; on n'use pas de toute permission qu'on obtient. Peut-être ensuite m'eût-on fait danser malgré moi; car ces choses arrivent: tel, dont je tais le nom, sollicita la guerre, et, contraint de la faire, enrage. Mais que serait-ce, si j'allais demander, comme vous le voulez, la punition du prêtre qui a tué sa maîtresse, ou le mariage de celui qui a rendu la sienne grosse? Alors triompherait le procureur du roi; la morale religieuse me poursuivrait, aidée de la morale publique et de toutes les morales, hors celle que nous connaissons, que long-temps nous avons crue la seule.

D'ailleurs, je ne suis pas si animé que vous contre ce curé de Saint-Quentin. Je trouve dans son état de prêtre de quoi, non l'excuser, mais le plaindre. Il n'eût pas tué assurément sa seconde maîtresse s'il eût pu épouser la première devenue grosse, et qu'il a tuée aussi, selon toute apparence. Voici comme on conte cela, dont vous semblez mal informés.

Il s'appelle Maingrat; n'avait guère plus de vingt ans quand, au sortir du séminaire, on le fit curé de Saint-Opre, village à six lieues de Grenoble. Là, son zèle éclata d'abord contre la danse et toute espèce de divertissement. Il défendit ou fit défendre par le maire et le sous-préfet, qui n'osèrent s'y refuser, les assemblées, bals, jeux champêtres, et fit fermer les cabarets, non-seulement aux heures d'office, mais, à ce qu'on dit, tout le jour les dimanches et fêtes. Je n'ai pas de peine à le croire; nous voyons le curé de Luynes défendre aux vignerons de boire le jour de Saint-Vincent leur patron. L'autre entreprit de réformer l'habillement des femmes. Les paysannes en manches de chemise, ayant le bras tout découvert, lui parurent un scandale affreux.

Remarquez que sur ce point les prêtres ont varié. Menot, du temps de Henri II, prêcha contre les nudités en termes moins décents peut-être que la chose qu'il reprenait. Aussi firent Maillard, Barlette, Feu-Ardend et le petit Feuilland. C'est même le texte ordinaire de leurs sermons, qu'on a encore. Mais depuis, sous Louis XIV vieux, un curé trouva fort mauvais que la duchesse de Bourgogne vînt à l'église en habit de chasse qui boutonnait jusqu'au menton et avait des manches. Il la renvoya s'habiller, hautement loué du roi d'abord, puis de toute la cour. La duchesse alla s'habiller, et revint bientôt à-peu-près nue, les épaules, les bras, le dos, le sein découverts, la chute des reins bien marquée. C'était l'habit décent, et elle fut admise à faire ses dévotions.

Mais l'abbé Maingrat ne souffrait point qu'un bras nu se montrât à l'église, et même ne pouvait, sans horreur, dans les vêtements d'une femme, soupçonner la forme du corps. Ami du temps passé d'ailleurs, il prêchait les vieilles mœurs à l'âge de vingt ans, la restauration, la restitution, tonnant contre la danse et les manches de chemise. Les autorités le soutenaient, les hautes classes l'encourageaient, le peuple l'écoutait, les gendarmes aussi et le garde champêtre, qui jamais ne manquaient au sermon. Enfin il voulait rétablir, d'accord avec ses supérieurs, la pureté de l'ancien régime. Pour y mieux réussir, il forma chez sa tante, venue avec lui à Saint-Opre, une école de petites filles auxquelles elle montrait à lire, les instruisant et préparant pour la communion. Il assistait aux leçons, dirigeait l'enseignement. Deux déjà parmi elles approchaient de quinze ans, et lui parurent mériter une attention particulière. Il les fit venir chez lui ; distinction enviée de toutes leurs compagnes, flatteuse pour leurs parents. Ces jeunes filles donc vont chez le jeune curé. Partout cela se fait depuis quelques années, aux champs comme à la ville ; les magistrats l'approuvent, et les honnêtes gens en augurent le prompt rétablissement des mœurs. Elles y allaient souvent, ensemble ou séparées ; c'était pour écouter des lectures chrétiennes, répéter le catéchisme, apprendre des versets, des psaumes, des oraisons ; et tant y allèrent qu'à la fin une d'elles se sent mal à l'aise, souffrante : elle avait des maux de cœur.

Lisez l'histoire, et comparez, monsieur l'anonyme, le passé avec le présent. Pour moi je ne fais autre chose ; c'est la meilleure étude qu'il y ait. Je trouve que du temps de nos pères, Guillaume Rose, étant curé d'une paroisse de Paris, catéchisait de jeunes filles, qui s'assemblaient pour recevoir les pieuses leçons chez une dame. Là venait entr'autres assidûment la fille unique, âgée de treize à quatorze ans, du président de Neuilly, qui bientôt fut grosse des œuvres de l'abbé Guillaume. Au temps des bonnes mœurs, pareille chose arrivait sans qu'on y prît trop garde, quand les filles n'avaient point de père président. Celui-ci porta plainte; on décréta Guillaume; le clergé intervint. La justice n'a jamais beau jeu contre le clergé, qui d'abord ne veut pas qu'on le juge, et en ce temps-là menait le peuple. Messire Guillaume se moqua du parlement, du président, et de la fille, et de l'enfant, puis fut évêque de Senlis; dévoué au pape son créateur, comme on dit à Rome.

De ce genre est un autre fait moins ancien, mais horrible et par là plus semblable à celui de Maingrat. Il n'y a pas quarante ans que, dans un couvent près de Nogent-le-Rotrou, on élevait de jeunes demoiselles sous la direction d'un saint homme prêtre-abbé qui les confessait, les instruisait, cathéchisait, et continua longues années, sans qu'on eût de lui nul soupçon. Mais à la fin, on découvrit qu'il en avait séduit plusieurs, et que, quand une devenait grosse,, il l'empoisonnait, la gardait, écartant d'elle tout le monde, sous prétexte de confession ou d'exhortation à la mort, ne la quittait point qu'elle ne fût morte, ensevelie, enterrée. De tels faits rarement parviennent à la connaissance du public. Le saint personnage fut enlevé secrètement et enfermé, suivant la coutume d'alors. Retournons à l'abbé Maingrat.

Cette enfant se trouve grosse; ne sachant comment faire, ayant peur de sa mère, va se confesser au curé d'un village non loin de celui-là, à un homme tout différent de Maingrat. Il laissait danser, ne songeait point aux manches de chemise. La pauvrette lui dit son malheur, et refusant de déclarer qui en était cause, ne voulait accuser qu'elle seule. Mais, lui dit le curé, ma fille, est-il marié cet homme?—Non. — Il faut l'épouser. — Impossible! Elle se trompait; car qui peut empêcher un homme de se marier, s'il ne l'est, de faire une épouse de celle qu'il a rendue mère? quelle loi le défend? quelle morale? elle devait dire pauvre enfant! Dieu! les hommes, le bon sens, la nature, l'Évangile et la religion le peuvent; mais le pape ne veut pas; et pour cela je meurs, pour cela je suis perdue. Ainsi à peine répondait-elle, avec plus de sanglots que de mots, aux questions de ce bon curé qui, enfin pourtant, parvenu à lui faire nommer l'abbé Maingrat, dès le soir même alla chez lui et lui parla. L'autre se fâche au premier mot, s'emporte et crie contre le siècle, accusant Voltaire et Rousseau et la philosophie, et la corruption de la révolution. Le bon homme eut beau dire et faire, il n'en put tirer autre chose. Au bout de quelques jours, le fille disparut, sans que jamais parents ni amis en pussent avoir de nouvelles. On en demanda de tous côtés et long-temps inutilement; on finit par n'y plus penser. Voilà la première partie de l'histoire du curé Maingrat.

La seconde est connue par les papiers publics, où vous aurez pu voir comment, à cause des bruits qui couraient, on le transféra de Saint-Opre à la cure de Saint-Quentin. C'est la discipline. Quand un prêtre a donné quelque part du scandale, on l'envoie ailleurs. Dans les cas graves seulement il est suspendu *a sacris*, privé pour un temps de dire messe, et si la justice s'en mêle, le clergé proteste aussitôt; car on ne peut juger les oints. Le curé de Pezai en Poitou, l'abbé Gelée, ex-capucin, ayant commis là une grosse et visible faute contre son vœu de chasteté, la justice se tut malgré toutes les plaintes; on le transféra où il est et ne semble pas corrigé, comme ne le fut point l'abbé Maingrat, qui dans sa nouvelle paroisse, redoublant de sévérité, fit la guerre plus que jamais à la danse et aux manches de chemise. Certaine dévote, bientôt, femme d'un tourneur, jeune et belle, le prit pour confesseur, et le voyait chez elle souvent, sans qu'on en causât néanmoins; car elle passait pour très-sage. Un soir qu'elle était venue sur le tard à confesse, il la retint long-temps, puis l'envoie voir sa tante, qui demeurait chez lui, mais qu'il savait absente, ne devoir point revenir ce jour-là, et partant par un autre chemin, arrive avant cette femme, entre, quand elle vint la fit entrer. Ce qui se passa là-dedans, on l'ignore. Il l'emporta morte dans une grotte près du village, où avec un couteau de poche, l'ayant dépecée par morceaux, un à un, il les alla jeter dans la rivière ; c'est l'Isère. Ces lambeaux quelque temps après furent trouvés flottants sur l'eau, et réunis et reconnus, comme le couteau plein de sang oublié par lui dans la grotte. Alors on se souvint de la fille de Saint-Opre.

Vous savez aussi comme il s'est soustrait aux poursuites, qui n'eussent pas eu lieu sans le maire. Par le maire seul tous les faits furent constatés, publiés malgré les dévots et le clergé qui ne voulaient pas qu'on en parlât. Telle est leur maxime de tout temps. S'il arrive, dit Fénélon, que le prêtre fasse une faute, on doit modestement baisser les yeux et se taire. Mais le bruit d'un acte si atroce s'étant promptement répandu, on essaya d'en jeter le soupçon sur quelque autre. Même un grand-vicaire à Grenoble, l'abbé Bochard, prêcha un sermon tout exprès sur les jugements téméraires, disant : « Mes frères, prenez garde ; tel peut vous paraître coupable, qui, par son devoir, est tenu, lui en dût-il coûter l'honneur et la vie, de céler le crime d'autrui ; et la malice d'autre part est si grande en ce siècle-ci, que, pour se laver, on ne feint point de calomnier et noircir les plus gens de bien. » C'était le mari de cette femme qu'on indiquait par là comme son vrai meurtrier, et le curé comme un martyr du secret de la confession. Cette pieuse invention, soutenue de toute la cabale dévote, aurait peut-être réussi et donné le change au public, sans le maire de Saint-Quentin, qui n'étant dévot ni dévoué, mais honnête homme seulement, par une information qu'il fit, força la justice d'agir. Le curé ne fut pas arrêté, parce que le Seigneur a dit : Gardez de toucher à mes oints. Condamné comme contumace, il s'est retiré en Savoie où maintenant il passe pour un saint et fait des miracles. On vient à lui de la vallée, de la montagne, en pélérinage; on accourt, les femmes surtout, le voir, lui demander sa bénédiction. Cette main les bénit : il leur tend cette main qu'elles baisent, femmes et filles, sans penser, sans frémir, sachant ce qu'il a fait; car d'un lieu si voisin, personne ne l'ignore. Mais on lui pardonne beaucoup parce qu'il a beaucoup aimé; ou peut-être il se repent, et dès-lors il vaut mieux que quatre-vingt-dix-neuf justes. Qu'il en confesse encore quelqu'une jeune, jolie, et qu'elle lui résiste, il en fera comme des autres, sans perdre pour cela paradis. Saint-Bon avait tué père et mère. Saint-Maingrat ne tue que ses maîtresses, et ensuite fait pénitence.

Vous l'appelez hypocrite; moi je le crois dévot sincère et de bonne foi. La dévotion s'allie à tout. Lorsqu'on fait en Italie assassiner son ennemi, cela coûte vingt ou six ducats, selon qu'on veut le damner ou qu'on ne le veut pas. Pour ne le point damner, on lui dit avant de le tuer : Recommande ton âme à Dieu; pardonne-moi, et fais un acte de contrition. Il dit son *in manus*, pardonne et on l'égorge; il va en paradis. Mais voulant le damner, on s'y prend autrement. Il faut tâcher de le trouver en péché mortel; et, pour le plus sûr, on lui dit, le poignard levé : Renie Dieu, ou je te tue. Il renie, on le tue, et il va en enfer. Ces choses se font tous les jours, là où personne ne voudrait, pour rien au monde, avoir goûté d'un potage gras le vendredi. Voilà la dévotion vraie, naïve, non feinte, non suspecte d'hypocrisie. La morale, dit-on, est fondée là-dessus.

Ces gens sont dévots sans nul doute, et Maingrat l'est aussi; amoureux de plus, c'est-à-dire, sujet à l'amour, qui, chez les hommes de sa robe, se tourne souvent en fureur. Un grand médecin l'a remarqué : cette maladie, sorte de rage qu'il appelle érotomanie, semble particulière aux prêtres. Les exemples qu'on en a vus, assez nombreux, sont tous de prêtres catholiques, tels que celui qui massacra, comme raconte Henri Étienne, tous les habitans d'une maison, hors la personne qu'il aimait; et l'autre dont parle Buffon. Celui-là, parce qu'on sut à temps le lier et le traiter, guérit; sans quoi il eût commis de semblables violences. Il a lui-même écrit au long, dans une lettre qui depuis est devenue publique, l'histoire de sa frénésie, dont il explique les causes aisées à concevoir. Dévot et amoureux, jeune, confessant les filles, il voulut être chaste.

Quelle vie en effet! quelle condition que celle de nos prêtres! on leur défend l'amour, et le mariage surtout; on leur livre les femmes. Ils n'en peuvent avoir une, et vivent avec toutes familièrement; c'est peu; mais dans la confidence, l'intimité, le secret de leurs actions cachées, de toutes leurs pensées. L'innocente fillette, sous l'aile de sa mère, entend le prêtre d'abord, qui bientôt l'appelant, l'entretient seul à seule; qui le premier, avant qu'elle puisse faillir, lui nomme le péché. Instruite, il la marie ; mariée, la confesse encore et la gouverne. Dans ses affections, il précède l'époux, et s'y maintient toujours. Ce qu'elle n'oserait confier à sa mère, avouer à son mari, lui prêtre le doit savoir, le demande, le sait, et ne sera point son amant. En effet, le moyen? n'est-il pas tonsuré? Il s'entend déclarer à l'oreille, tout bas, par une jeune femme, ses fautes, ses passions, ses désirs, ses faiblesses, recueille ses soupirs sans se sentir ému, et il a vingt-cinq ans.

Confesser une femme! imaginez ce que c'est. Tout au fond de l'église une espèce d'armoire, de guérite est dressée contre le mur exprès où ce prêtre, non Maingrat, mais quelque homme de bien, je le veux, sage, pieux comme j'en ai connu, homme pourtant et jeune, ils le sont presque tous, attend le soir après vêpres sa jeune pénitente qu'il aime; elle le sait, l'amour ne se cache point à la personne aimée. Vous m'arrêterez là : son caractère de prêtre, son éducation, son vœu..... Je vous réponds qu'il n'y a vœu qui tienne ; que tout curé de village, sortant du séminaire, sain, robuste et dispos, aime sans aucun doute une de ses paroissiennes. Cela ne peut être autrement ; et si vous contestez, je vous dirai bien plus, c'est qu'il les aime toutes, celles du moins de son âge ; mais il en préfère une qui lui semble, sinon plus belle que les autres, plus modeste et plus sage, et qu'il épouserait ; il en ferait une femme vertueuse, pieuse, n'était le pape. Il la voit chaque jour, la rencontre à l'église ou ailleurs, et devant elle assis aux veillées de l'hiver, il s'abreuve, imprudent, du poison de ses yeux.

Or, je vous prie, celle-là, lorsqu'il l'entend venir le lendemain approcher de ce confessionnal, qu'il reconnaît ses pas et qu'il peut dire : c'est elle ! que se passe-t-il dans l'âme du pauvre confesseur ? Honnêteté, devoir, sages résolutions, ici servent de peu, sans une grâce du ciel toute particulière. Je le suppose un saint ; ne pouvant fuir, il gémit apparemment, soupire, se recommande à Dieu ;

mais si ce n'est qu'un homme, il frémit, il désire, et déjà, malgré lui, sans le savoir peut-être, il espère. Elle arrive, se met à ses genoux, à genoux devant lui dont le cœur saute et palpite. Vous êtes jeune, Monsieur, ou vous l'avez été ; que vous semble entre nous d'une telle situation ? Seuls la plupart du temps, et n'ayant pour témoins que ces murs, que ces voûtes, ils causent ; de quoi ? hélas ! de tout ce qui n'est pas innocent. Ils parlent ou plutôt murmurent à voix basse, et leurs bouches s'approchent, leur souffle se confond. Cela dure une heure ou plus, et se renouvelle souvent.

Ne pensez pas que j'invente. Cette scène a lieu telle que je vous la dépeins, et dans toute la France ; chaque jour se renouvelle par quarante mille jeunes prêtres avec autant de jeunes filles qu'ils aiment, parce qu'ils sont hommes, confessent de la sorte, entretiennent tête à tête, visitent, parce qu'ils sont prêtres, et n'épousent point, parce que le pape s'y oppose. Le pape leur pardonne tout, excepté le mariage, voulant plutôt un prêtre adultère, impudique, débauché, assassin comme Maingrat, que marié. Maingrat tue ses maîtresses, on le défend en chaire : ici on prêche pour lui, là on le canonise. S'il en épousait une, quel monstre! il ne trouverait d'asile nulle part. Justice en serait faite bonne et prompte, comme du maire qui les aurait mariés. Mais quel maire oserait ?

Réfléchissez maintenant, Monsieur, et voyez s'il était possible de réunir jamais en une même personne deux choses plus contraires que l'emploi de confesseur et le vœu de chasteté. Quel doit être le sort de ces pauvres jeunes gens entre la défense de posséder ce que nature les force d'aimer, et l'obligation de converser intimement, confidemment avec ces objets de leur amour, si enfin ce n'est pas assez de cette monstrueuse combinaison pour rendre les uns forcenés, les autres je ne dis pas coupables, car les vrais coupables sont ceux qui, étant magistrats, souffrent que de jeunes hommes confessent de jeunes filles, mais criminels, et tous extrêmement malheureux. Je sais là-dessus leur secret.

J'ai connu à Livourne le chanoine Fortini, qui peut-être vit encore, un des savants hommes d'Italie, et des plus honnêtes du monde. Lié avec lui d'abord par nos études communes, puis par une mutuelle affection, je le voyais souvent, et ne sais comme un jour je vins à lui demander s'il avait observé son vœu de chasteté. Il me l'assura, et je pense qu'il disait vrai en cela comme en tout autre chose. Mais, ajouta-t-il, pour passer par les mêmes épreuves, je ne voudrais pas revenir à l'âge de vingt ans. Il en avait soixante et dix. J'ai souffert, Dieu le sait, et m'en tiendra compte j'espère, mais je ne recommencerais pas. Voilà ce qu'il me dit, et je notai ce discours si bien dans ma mémoire, que je me rappelle ses propres mots.

A Rocca di Papa, je logeais chez le vicaire où je tombai malade. Il eut grand soin de moi, et prit cette occasion pour me parler de Dieu, auquel je pensais plus que lui et plus souvent, mais autrement. Il voulait me convertir, me sauver, disait-il. Je l'écoutais volontiers; car il parlait toscan, et s'exprimait des mieux dans ce divin langage. A la fin je guéris; nous devînmes amis, et, comme il me prêchait toujours, je lui dis : Cher abbé, demain je me confesse, si tu veux te marier et vivre heureux. Tu ne peux l'être qu'avec une femme, et je sais celle qu'il te faut. Tu la vois chaque jour, tu l'aimes, tu péris. Il me mit la main sur la bouche, et je vis que ses yeux se remplissaient de pleurs. J'ai ouï conter de lui depuis des choses fort étranges, et qui me rappelèrent ce qu'on lit d'Origènes.

Voilà où les réduit le malheur de leur état. Mais pourquoi, me direz-vous, quand on est susceptible de telles impressions, se faire prêtre? Eh! Monsieur, se font-ils ce qu'ils sont? Dès l'enfance élevés pour la milice papale, séduits, on les enrôle : ils prononcent ce vœu abominable, impie, de n'avoir jamais femme, famille ni maison, à peine sachant ce que c'est, novices, adolescents, excusables par là ; car un vœu de la sorte, celui qui le ferait avec une pleine connaissance, il le faudrait saisir, séquestrer en prison, ou reléguer au loin dans quelque île déserte. Ce vœu fait, ils sont oints, et ne s'en peuvent dédire ; que si l'engagement était à terme, certes peu le renouvelleraient. Aussitôt on leur donne filles, femmes à gouverner. On approche du feu le soufre et le bitume ; car ce feu a promis, dit-on, de ne point brûler. Quarante mille jeunes gens ont le don de continence pris avec la soutane, et sont dès lors comme n'ayant plus sexe ni corps. Le croyez-vous ? De sages il en est, si sage se peut dire, qui combat la nature. Quelques-uns en triomphent. Mais combien, au prix de ceux que la grâce abandonne dans ces tentations, la grâce est pour peu d'hommes, et manque même au plus juste. Comment auraient-ils, eux, ce don de continence, jeunes, dans l'ardeur de l'âge, quand les vieux ne l'ont pas ?

Ce curé de Paris, que Vautrain, tapissier, le trouvant avec sa femme, tua et jeta par la fenêtre, il y a peu d'années (l'aventure est connue dans le quartier du Temple ; on n'en fit point de bruit à cause du clergé), ce curé avait soixante ans, et celui de Pezai en a soixante-huit qui ne l'ont pas empêché, dernièrement encore, de prendre dans les boues une fille mendiante et tombant du haut mal. Il en fit sa maîtresse : autre affaire étouffée par le crédit des oints ; car le père se plaignit voyant sa fille grosse ; mais l'église intervint. Celui qui ne peut à cet âge s'abstenir d'un objet horrible et dégoûtant, que pensez-vous qu'il ait fait à vingt ou vingt-cinq ans, gouverneur d'innocentes et belles créatures ? Si vous avez une fille, envoyez-là, Monsieur, au soldat, au hussard qui pourra l'épouser, plutôt qu'à l'homme qui a fait vœu de chasteté, plutôt qu'à ces séminaristes. Combien d'affaires à étouffer, si tout ce qui se passe en secret avait des suites évidentes, ou s'il y avait beaucoup de maires comme celui de Saint-Quentin ! que d'horreurs laissent entrevoir ces faits qui transpirent malgré la connivence des magistrats, les mesures prises pour arrêter toute publicité, le silence imposé sur de telles matières ! et sans même parler des crimes, quelles sources d'impuretés, de désordres, de corruption, que ces deux inventions du pape, le célibat des prêtres et la confession nommée auriculaire ! Que de mal elles font ! que de bien elles empêchent ! Il le faut voir et admirer là où la famille du prêtre est le modèle de toutes les autres, où le pasteur n'enseigne rien qu'il ne puisse montrer en lui, et parlant aux pères, aux époux, donne l'exemple avec le précepte. Là les femmes n'ont point l'impudence de dire à un homme leurs péchés ; le clergé n'est point hors du peuple, hors de l'état ; hors de la loi : tous abus établis chez nous dans le temps de la plus stupide barbarie, de la plus crédule ignorance, difficiles à maintenir aujourd'hui que le monde raisonne, que chacun sait compter ses doigts.

(*OEuvres complètes de Paul-Louis Courier,* 4 vol. in-8°. Chez A. Sautelet et Cie. Rue Neuve-Saint-Marc, n° 10.)

FIN.

www.ingramcontent.com/pod-product-compliance
Ingram Content Group UK Ltd.
Pitfield, Milton Keynes, MK11 3LW, UK
UKHW022158190726
13855UKWH00004B/1537

9 782013 070218